Die Antwort liegt im Bild!

Kurt Reiter

Edited by Michael Wild

Edward Arnold

Introduction

This book provides lively question and answer practice on a variety of topics for teachers who have to prepare their pupils for oral examinations and for picture description tests.

Each picture is accompanied by the vocabulary needed not only to answer the set of twenty questions, but also, if required, to write a simple essay on the same topic. The questions themselves cover all of the main interrogative forms, while remaining straightforward and simple. As they are couched in the Present Tense, it is possible for pupils to use this book during the first year, as soon as they have mastered simple comprehension techniques, and are able to read German aloud.

The usefulness of the book does not, however, diminish as the pupils proceed to their second and third years of German, for, as their skills extend to writing in the language, they can tackle the questions themselves, without the oral stimulus from the teacher.

Finally, these eighteen topics provide invaluable practice for the Picture Question which forms a part of some examinations, especially at CSE level: the pupils study one of the pictures, the teacher reads each question out twice, and the pupils write a German sentence each time, with or without recourse to the vocabulary.

Original edition © National Textbook Co.
Skokie, Illinois 1972

This edition © Edward Arnold (Publishers) Ltd
1978

This edition first published 1978 by
Edward Arnold (Publishers) Ltd
25 Hill Street, London, W1X 8LL

ISBN 0 7131 0243 8

Reproduced and printed by photolithography and bound in Great Britain at The Pitman Press, Bath

Inhalt

Die Schule

an/fangen, fängt an to begin
der Aufsatz (es, ⸚e) theme, composition
aus/sehen, sieht aus to look, appear
das Auto (s, s) car
der Bürgersteig (s, e) pavement
das Fach (es, ⸚er) subject (of study)
fahren, fährt to travel, drive
der Fahrer (s, -) driver
das Gebäude (s, -) building
die Hausaufgabe (-, n) homework

die Jahreszeit (-, en) season
der Junge (n, n) boy
Kleider (pl.) clothes
am liebsten haben to like (the best, most)
links left, to the left
das Mädchen (s, -) girl
mehrere several
rechts right, to the right
die Schule (-, n) school
  Grundschule primary school
  Mittelschule secondary school

  Hochschule college
der Schüler (s, -) pupil
das Stadion (s, -dien) stadium
stehen, steht stands, is
das Stockwerk (s, e) floor, storey
tragen, trägt to wear, carry
die Treppe (-, n) (flight of) stairs
um wieviel Uhr (at) what time
was für what kind of
wohin where (to)

1 Ist es eine Grundschule oder eine Mittelschule?

_____

2 Sieht die Schule modern aus?

_____

3 Wieviele Stockwerke hat die Schule?

_____

4 Hat das Gebäude viele Fenster?

_____

5 Wann fängt die Schule an?

_____

6 Um wieviel Uhr ist die Schule aus?

_____

7 Wieviele Schüler sind auf dem Bild?

_____

8 Wer sitzt auf der Treppe?

_____

9 Wieviele Schüler stehen auf dem Bürgersteig?

_____

10 Was tragen mehrere Schüler unter dem Arm?

_____

11 Was für Kleider tragen die Jungen? die Mädchen?

_____

12 Welche Jahreszeit ist es?

_____

13 Wie fahren die drei Jungen zur Schule?

_____

14 Steht das Auto vor oder hinter der Schule?

_____

15 Wer ist Fahrer des Autos?

_____

16 Ist das Stadion rechts oder links von der Schule?

_____

17 Machen die Schüler Hausaufgaben zu Hause?

_____

18 Wohin gehen die Schüler nach der Schule?

_____

19 Wie kommst du zur Schule?

_____

20 Welches Fach hast du am liebsten?

_____

Aufsatz: Unsre Schule

Der Junge ist...

Das Klassenzimmer

Wortschatz
---

die Brille (-, n) pair of glasses
das Buch (es, ̈er) book
Deutsch; das Deutsche
German (language)
  ins Deutsche into German
die Deutschklasse (-, n)
German class
Englisch; das Englische
English (language)
  auf englisch in English
das Fach (es, ̈er) subject (of study)
gern gladly, like to
geschlossen closed
halten, hält to hold

hinten in the back
die Kiste (-, n) box
das Klassenzimmer (s, -)
class room
das Lehrbuch (es, ̈er) text-book
der Lehrer (s, -) teacher, male teacher
lernen, lernt to learn, study
die meisten most (of them)
offen open
das Pult (es, e) desk
schreiben, schreibt to write
  schreiben auf, an (acc.) to write on (to)

die Schulbank (-, ̈e) pupil's desk
die Schülerin (-, nen) schoolgirl
spät late
die Tafel (-, n) blackboard
die Tinte (-, n) ink
übersetzen, übersetzt to translate
vorn in the front
die Uhr (-, en) clock
vor/lesen, liest vor to read aloud
womit with what

4

1 Wer steht am Pult?

_____

2 Wieviele Schüler sind auf dem Bild?

_____

3 Sitzen oder stehen die meisten Schüler?

_____

4 Wer schreibt an die Tafel?

_____

5 Schreibt die Schülerin auf englisch?

_____

6 Welches Fach lernt man in diesem Klassenzimmer?

_____

7 Womit schreibt das Mädchen an die Tafel?

_____

8 Wieviele Tafeln sieht man auf dem Bild?

_____

9 Wo ist die Uhr? Wie spät ist es?

_____

10 Steht der Lehrer vorn oder hinten im Zimmer?

_____

11 Was hält der Lehrer in der linken Hand?

_____

12 Was ist neben dem Pult rechts?

_____

13 Wo ist die Tinte?

_____

14 Sind die zwei Bücher auf dem Tisch offen oder geschlossen?

_____

15 In welcher Hand hält der Lehrer die Kiste?

_____

16 Womit schreibt der Junge auf der Schulbank?

_____

17 Sitzt das Mädchen rechts oder links von den zwei Jungen?

_____

18 Wer trägt eine Brille?

_____

19 Was liest das Mädchen aus dem Lehrbuch vor?

_____

20 Übersetzt du gern vom Englischen ins Deutsche?

_____

Aufsatz: Meine Deutschklasse

Das Haus

Wortschatz
---

aus/sehen, sieht aus to look like
die Ausfahrt (-, en) drive
außer (dat.) besides
der Backstein (s, e) brick
  aus Backstein (made) of brick
der Baum (es, ⸚e) tree
der Bürgersteig (s, e) pavement
das Dach (es, ⸚er) roof
darin in it
eben flat
das Fachwerk wooden framework (of a house)
finden, findet to find

das Gebäude (s, -) building
gleich the same
das Haus (es, ⸚er) house
herab/fallen, fällt herab to fall down
der Herbst (es, e) autumn
der Hof (es, ⸚e) yard
das Holz (es, ⸚er) wood
der Keller (s, -) cellar
das Land (es, ⸚er) land, country
  auf dem Lande in the country
man one, you, they (impersonal)
oben upstairs
der Rasen (s, -) lawn

schief steep
der Schornstein (s, e) chimney
sonst else
die Stadt (-, ⸚e) city
das Stockwerk (s, e) floor, storey
die Stufe (-, n) step
der Teil (es, e) part
wachsen, wächst to grow
der Wagen (s, -) car
wohnen, wohnt to live, reside
die Wohnung (-, en) flat
der Zement (s, e) cement

6

1 Ist das Gebäude aus Holz oder aus Backstein?

_____

2 Ist es ein großes oder ein kleines Haus?

_____

3 Hat das Haus zwei oder drei Stockwerke?

_____

4 Sieht man Fachwerk an dem Haus?

_____

5 Sehen alle Fenster gleich aus?

_____

6 Wieviele Schornsteine hat das Haus?

_____

7 Ist das Dach schief oder eben?

_____

8 Ist die Tür offen?

_____

9 Wieviele Stufen sind vor der Tür?

_____

10 Wie heißt der kleine Teil rechts vom Hause?

_____

11 Was findet man darin?

_____

12 Ist die Ausfahrt aus Zement oder aus Backstein?

_____

13 Wo ist die Straße?

_____

14 Ist das Haus auf dem Lande oder in der Stadt?

_____

15 Welche Zimmer sind oben?

_____

16 Wo ist der Keller?

_____

17 Sind die drei Bäume sehr jung?

_____

18 Was wächst außer Bäumen sonst im Hof?

_____

19 Was fällt im Herbst von den Bäumen herab?

_____

20 Wohnst du lieber in einem Haus oder in einer Wohnung?

_____

Aufsatz: Unser Haus

Das Wohnzimmer

an/sehen, sieht an to look at, watch

an/zünden, zündet an to light
angezündet lit

bedecken, bedeckt to cover

der Blumenstrauß (es, ̈e) bouquet of flowers

eckig square

elektrisch electric

die Fensterbank (-, ̈e) window seat or bench

das Fernsehen (s, -) television
an on
aus off

das Feuer (s, -) fire

der Fußboden (s, ̈) floor

ganz completely

gewöhnlich usually

hängen, hängt to hang
hängt an hangs (vertically) on

hoch high

der Kamin (s, e) fireplace

die Kerze (-, n) candle

das Möbel (s, -) piece of furniture

niedrig low

offen open

der Platz (es, ̈e) place

rund round

die Sache (-, n) thing

die Schublade (-, n) drawer

selb(en) same

der Sessel (s, -) easy chair

der Spiegel (s, -) mirror

der Teppich (s, e) carpet

tun, tut to do

die Vase (-, n) vase

der Vordergrund (s, -e) fore-ground

der Vorhang (s, ̈e) curtain

das Wohnzimmer (s, -) living room

1 Was tut man in diesem Zimmer?

_____

2 Wer sitzt jetzt im Sessel?

_____

3 Worauf liegen die drei Bücher?

_____

4 Wo ist der Blumenstrauß?

_____

5 Was für Blumen sind in der Vase?

_____

6 Ist der Tisch hoch oder niedrig?

_____

7 Ist der Tisch rund oder eckig?

_____

8 Was liegt auf dem Teppich im Vordergrund?

_____

9 Bedeckt der Teppich den ganzen Fußboden?

_____

10 Ist das Fernsehen an oder aus?

_____

11 Muß das Fernsehen immer am selben Platz stehen?

_____

12 Kann man auf dieser Fensterbank sitzen?

_____

13 Ist der Spiegel rechts oder links vom Fenster?

_____

14 Was sieht man in dem Spiegel?

_____

15 Ist die Kerze angezündet?

_____

16 Ist die Schublade offen?

_____

17 Welche Sachen sind elektrisch?

_____

18 Was ist im Kamin?

_____

19 Wann zündet man gewöhnlich das Feuer im Kamin an?

_____

20 Was hängt am Kamin?

_____

Aufsatz: Das Wohnzimmer in unsrem Haus

Das Esszimmer

das Abendessen (s, -) evening meal, supper
die Anrichte (-, n) sideboard
aus/sehen, sieht aus to look like
das Bein (es, e) leg
der Boden (s, ⸚) floor
brennen, brennt to burn
die Dame (-, n) lady
draußen outside
einfarbig one-coloured, of a single colour
das Eßzimmer (s, -) dining room
die Familie (-, n) family

das Feuer (s, -) fire
der Gast (es, ⸚e) guest
das Gemälde (-, -) painting
genau so wie just like
genug enough
der Herr (n, en) man, gentleman
der Kamin (s, e) fireplace
das Kissen (s, -) cushion
das Möbelstück (s, e) piece of furniture
nur only
die Scheibe (-, n) window-, glass-pane

die Seite (-, n) side
zur linken Seite on the left side
zur rechten Siete on the right side
der Spiegel (s, -) mirror
der Stuhl (es, ⸚e) chair
das Tischtuch (s, ⸚er) tablecloth
der Vorhang (s, ⸚e) curtain
wahrscheinlich probably
zählen, zählt to count

1 Was tut man in diesem Zimmer?

_____

2 Ist der Tisch groß genug für viele Gäste?

_____

3 Ist ein Tischtuch auf dem Tisch?

_____

4 Wieviele Stühle stehen um den Tisch?

_____

5 Wieviele Beine hat jedes Möbelstück?

_____

6 Liegen Kissen auf den Stühlen?

_____

7 Was liegt auf dem Boden?

_____

8 Ist die Anrichte zur rechten oder zur linken Seite der Tür?

_____

9 Sind Blumen in den Vasen auf der Anrichte?

_____

10 Wo hängt der Spiegel?

_____

11 Wo hängt das Gemälde?

_____

12 Ist das Gemälde von einem Herrn oder einer Dame?

_____

13 Ist das Gemälde kleiner oder größer als der Spiegel?

_____

14 Sieht der Kamin im Eßzimmer genau so aus wie der Kamin im Wohnzimmer?

_____

15 Brennt ein Feuer im Kamin?

_____

16 Wieviele Scheiben kann man im Fenster zählen?

_____

17 Was sieht man wahrscheinlich draußen durch das Fenster?

_____

18 Sind die Vorhänge einfarbig?

_____

19 Wie kommt man in das Zimmer?

_____

20 Wann kommt die Familie wahrscheinlich zum Abendessen?

_____

Aufsatz: Das Eßzimmer in unsrem Haus

Die Küche

Wortschatz
---

das Abwaschbecken (s, -) sink
altmodisch oldfashioned
die Büchse (-, n) tin can
der Deckel (s, -) lid
das Essen (s, -) food, meal
fertig ready, finished
die Gabel (-, n) fork
das Gefrierfach (es, ⸚er) freezing compartment
geschlossen closed
halten, hält to hold
der Herd (es, e) stove
der Hocker (s, -) stool

jemand someone
die Kanne (-, n) pot, jug
das Kleid (es, er) dress
die Küche (-, n) kitchen
der Kühlschrank (s, ⸚e) refrigerator
die Lampe (-, n) light, lamp
leer empty
der Löffel (s, -) spoon
das Messer (s, -) knife
das Metall (s, e) metal
offen open
der Schrank (s, ⸚e) cupboard
die Schüssel (-, n) bowl

die Spülmaschine (-, n) dishwashing machine
das Streichholz (es, ⸚er) match
die Tasse (-, n) cup
der Teller (s, -) plate
der Teppich (s, e) carpet
der Topf (es, ⸚e) cooking pan, pot
unordentlich untidy, messy
vor/bereiten, bereitet vor to prepare (food)
wachsen, wächst to grow

1 Wer bereitet das Essen in dieser Küche vor?

_____

2 Hält die Frau einen Teller oder einen Topf in der Hand?

_____

3 Was trägt die Frau über dem Kleid?

_____

4 Steht die Frau auf einem Teppich?

_____

5 Liegt ein Messer, ein Löffel oder eine Gabel auf dem Tisch?

_____

6 Ist die Büchse auf dem Tisch offen oder geschlossen?

_____

7 Sind die Beine des Tisches aus Holz oder Metall?

_____

8 Wo ist die Lampe?

_____

9 Hat die Kanne auf dem Herd einen Deckel?

_____

10 Hat der Kühlschrank ein Gefrierfach?

_____

11 Was sieht man im Schrank?

_____

12 Hängen oder stehen die Tassen im Schrank?

_____

13 Ist die Schüssel neben dem Abwaschbecken leer?

_____

14 Sitzt jemand auf dem Hocker?

_____

15 Was wächst am Fenster?

_____

16 Hat die Frau eine Spülmaschine?

_____

17 Sieht man Streichhölzer auf dem Bild?

18 Sieht die Küche modern oder altmodisch aus?

19 Ist das Essen fertig?

_____

20 Sieht die Küche unordentlich aus?

_____

Aufsatz: Die Küche in unsrem Haus

Das Schlafzimmer

Wortschatz

auf open
benutzen, benutzt to use
besuchen, besucht to attend, visit
die Bettdecke (-, n) bedspread
die Bürste (-, n) brush
einfarbig plain
das Fenstervorhang (s, ⸚e) curtain
  auf open
  zu closed
die Freundin (-, nen) girl friend
das Hemd (es, en) shirt
das Hobby (bys, bies) hobby
sich interessieren für,

interessiert sich für to be interested in
der Kamm (es, ⸚e) comb
kariert plaid
die Kassette (-, n) little box
die Kommode (-, n) (chest of) drawers
das Kopfkissen (s, -) pillow
kurz short
die Lampe (-, n) lamp
nachts at night
der Papierkorb (s, ⸚e) wastepaper basket
der Pullover (s, -) sweater
schlafen, schläft to sleep

das Schlafzimmer (s, -) bedroom
die Schublade (-, n) drawer
die Seite (-, n) side
das Segelboot (es, e) boat
segeln, segelt to sail
stehen, steht to stand, to be
der Student (en, en) student of a college or university
tragen, trägt to wear
die Universität (-, en) university
  die Uni (short for **Universität**)
der Wimpel (s, -) pennant
zu closed

14

1 Was tut der Junge auf dem Bild?

_____

2 Wo sitzt er?

_____

3 Er besucht eine Universität. Ist er Schüler oder Student?

_____

4 Trägt der Junge lange oder kurze Hosen?

_____

5 Was trägt der Junge über dem Hemd?

_____

6 Für welche Hobbies interessiert sich der Junge?

_____

7 Wo ist die Uhr?

_____

8 Was steht zur linken Seite der Uhr?

_____

9 Ist der Papierkorb voll?

_____

10 Wo steht eine Lampe?

_____

11 Ist der Fenstervorhang auf oder zu?

_____

12 Welcher Name steht auf dem Wimpel?

_____

13 Was steht auf dem Tisch unter dem Wimpel?

_____

14 Wieviele Schubladen hat die Kommode?

_____

15 Sieht man einen Kamm oder eine Bürste auf der Kommode?

_____

16 Ist die Kassette links oder rechts auf der Kommode?

_____

17 Ist das Bild auf der Kommode von seiner Mutter oder seiner Freundin?

_____

18 Was tut man nachts in diesem Zimmer?

_____

19 Wieviele Kopfkissen benützt der Junge?

_____

20 Ist die Bettdecke kariert oder einfarbig?

_____

Aufsatz: Mein Schlafzimmer

Das Restaurant

Wortschatz

an/fangen, fängt an to begin
das Anstecksträußchen (s, -) buttonhole (flower)
bekommen, bekommt to get, receive
das Besteck (s, e) cutlery
bestellen, bestellt to order
die Dame (-, n) lady
decken, deckt to set (the table)
die Ecke (-, n) corner
einfach simply
elegant elegantly
die elegant elegantly
essen, ißt to eat
das Essen (s, -) meal, food
die Gabel (-, n) fork
ganz completely
der Gast (es, ⸚e) guest, customer

gekleidet dressed
das Gewürz (es, e) spice, seasoning
groß big
größer bigger
am größten biggest
Guten Appetit! Enjoy your meal!
der Hintergrund (s, ⸚e) background
jeder everyone
das Kaffeetrinken (s, -) coffee drinking
der Kellner (s, -) waiter
das Licht (es, er) light
die Mahlzeit (-, en) meal
die Mitte (-, n) middle
nach after

das Paar (es, e) couple, pair
Prosit! A toast! cheers!
die Rechnung (-, en) bill
die Säule (-, n) pillar
der Teller (s, -) plate
die Treppe (-, n) flight of stairs
überqueren, überquert to cross
voll full
vor before
vorne in the front
der Vordergrund (s, ⸚e) foreground
warten, wartet to wait
was für what kind of
das Weintrinken (s, -) wine drinking
worauf for what
zuerst first

16

1 Ist das Restaurant ganz voll?

_____

2 Kommen die Leute elegant oder einfach gekleidet in dieses Restaurant?

_____

3 Was trinkt das Mädchen im Vordergrund?

_____

4 Was für Essen steht auf dem Tisch in der linken Ecke vorne?

_____

5 Was für Gewürze findet man gewöhnlich auf dem Tisch?

_____

6 Was für Besteck liegt rechts vom Teller?

_____

7 Wieviele Gabeln bekommt jeder Gast in diesem Restaurant?

_____

8 Fängt man zuerst mit der linken oder rechten Gabel an zu essen?

_____

9 Was steht in der Mitte jedes Tisches?

_____

10 Bestellt der Herr oder die Dame das Essen am zweiten Tisch?

_____

11 Was liest der Herr neben dem Kellner?

_____

12 Was steht auf der Treppe?

_____

13 Wer deckt den Tisch im Hintergrund?

_____

14 Worauf wartet das Paar in der Mitte?

_____

15 Wer trägt ein Anstecksträußchen?

_____

16 Was ißt die Dame am ersten Tisch rechts?

_____

17 Wo sieht man eine Säule auf dem Bild?

_____

18 Sagt man „Prosit" beim Kaffee- oder Weintrinken?

_____

19 Sagt man „Guten Appetit" vor oder nach der Mahlzeit?

_____

20 Wann bekommen die Gäste die Rechnung vom Kellner?

_____

Aufsatz: Eine Mahlzeit im Restaurant

Die Stadt

Wortschatz

die Apotheke (-, n) pharmacy
arbeiten, arbeitet to work
das Aspirin (s, e) aspirin
der Autobus (ses, se) bus
die Bäckerei (-, en) bakery
die Bank (-, en) bank
sich befinden, befindet sich
  to be
die Bibliothek (-, en) library
der Briefkasten (s, -) post box
die Buchhandlung (-, en)
  book shop
die Bushaltestelle (-, n) bus
  stop
die Fahne (-, n) flag
die Farbe (-, n) colour
der Fußgänger (s, -)
  pedestrian
das Gebäck (es, e) pastry,
  cakes
gegenüber (dat) opposite,
  across from

das Geschäft (s, e) store,
  place of business
das Geschäftsviertel (s, -)
  shopping area
gibt es is there, are there
groß big, large
  größer als bigger than
  am größten the biggest
holen, holt to get, fetch
innerhalb (gen.) inside of
das Kaufhaus (es, ̈er)
  department store
das Kino (s, s) cinema
der Kombiwagen (s, -) estate
  car
die Kreuzung (-, en) street
  crossing
Leute (pl.) people
die Medizin (-, en) medicine
mehr more
die Mehrheit (-, en) majority

das Modehaus (es, ̈er)
  clothing store (women's
  fashions)
das Rad (es, ̈er) bicycle
  mit dem Rad by bicycle
der Schauspieler (s, -) actor
das Schild (es, er) sign
die Stadt (-, ̈e) city
das Stockwerk (s, e) floor,
  storey
die Szene (-, n) scene
das Theater (s, -) theatre
der Turm (es, ̈e) tower
überqueren, überquert to
  cross
**sich unterscheiden, unter-
  scheidet sich** to distinguish,
  differentiate
der Verkehr (s) traffic
die Verkehrsampel (-, n)
  traffic light

18

1 Ist diese Szene in einem Geschäftsviertel oder auf dem Lande?

_____

2 Gibt es viel Verkehr auf der Straße?

_____

3 Wie kann man innerhalb der Stadt fahren?

_____

4 Fährt die Mehrheit der Leute auf dem Bild mit dem Auto oder mit dem Rad?

_____

5 Ist der Kombiwagen auf dem Bild größer als der Autobus?

_____

6 Wer steht unter der Verkehrsampel?

_____

7 Welche Farben haben die Lichter der Verkehrsampeln?

_____

8 Wieviele Fußgänger überqueren die Kreuzung?

_____

9 Sind die Türme im Vordergrund oder im Hintergrund?

_____

10 Wo befindet sich der Briefkasten?

_____

11 An welchem Gebäude hängen die zwei Fahnen?

_____

12 Vor welchem Gebäude ist die Bushaltestelle?

_____

13 Wo kauft man Gebäck?

_____

14 Welches Geschäft ist zwischen der Bäckerei und dem Kino?

_____

15 Welches Gebäude ist gegenüber der Bäckerei?

_____

16 Worin unterscheiden sich eine Buchhandlung und eine Bibliothek?

_____

17 Welches Schild ist am größten?

_____

18 Wo kauft man Aspirin und Medizin?

_____

19 Wo arbeiten die Schauspieler?

_____

20 Wo kann man Kleider kaufen?

_____

Aufsatz: Ein Besuch in der Stadt

Das Lebensmittelgeschäft

Wortschatz
---

bedeuten, bedeutet to mean, signify
der Besuch (s, e) visit
bezahlen, bezahlt to pay
die Büchse (-, n) tin can
das Dorf (es, ¨er) village
dürfen, darf to be allowed, permitted
ein/kaufen, kauft ein to shop
einkaufen gehen to go shopping
das Einkaufen (s, -) shopping

der Einkaufswagen (s, -) shopping trolley
der Fisch (es, e) fish
folgen, folgt (dat.) to follow
der Gang (es, ¨s) aisle
das Gemüse (s, -) vegetables
das Geschäftszentrum (s, -tren) shopping centre
gerade right, just
die Kasse (-, n) cash register
kaufen, kauft to buy
Lebensmittel (pl.) groceries

das Lebensmittelgeschäft (s, e) grocery store
der Metzger (s, -) butcher
das Obst (es) fruit
öfters often
der Regal (s, e) shelf
die Schachtel (-, n) box
die Tüte (-, n) paper bag
verkaufen, verkauft to buy
die Waage (-, n) scale
zählen, zählt to count
die Zigarette (-, n) cigarette

1 Was bedeutet Lebensmittel?

_____

2 Was kauft man in diesem Geschäft?

_____

3 Gehen öfters Männer oder Frauen im Lebensmittelgeschäft einkaufen?

_____

4 Was für Obst sieht man im Vordergrund?

_____

5 Was für Gemüse sieht man auf dem Bild?

_____

6 Wo liegen die Tüten?

_____

7 Wer folgt der Frau rechts?

_____

8 Was tut man mit der Waage?

_____

9 Über welchem Gang hängt das Schild?

_____

10 Wer steht an der Kasse?

_____

11 Wo sind die Zigaretten?

_____

12 Wer bezahlt das Geld?

_____

13 Wieviele Regale sieht man im Gang fünf?

_____

14 Hält die Frau im Gang fünf eine Schachtel oder eine Büchse?

_____

15 Hat jede Frau auf dem Bild einen Einkaufswagen?

_____

16 Was verkauft der Metzger?

_____

17 Kann man in diesem Geschäft Fisch kaufen?

_____

18 Wohin fährt man gewöhnlich nach dem Einkaufen?

_____

19 Darf man den Einkaufswagen nach Hause mitnehmen?

_____

20 Ist dieses Lebensmittelgeschäft in einem Geschäftszentrum oder in einem Dorf?

_____

Aufsatz: Ein Besuch im Lebensmittelgeschäft

Der Laden

Wortschatz

---

der Anzug (s, ⸚e) suit
aussehen, sieht aus to look,
  appear
außer (dat.) besides
billig inexpensive, cheap
  billiger cheaper
der Block (es, ⸚e) pad of paper
etwas something
der Hals (es, ⸚e) neck
jemand someone
kaufen, kauft to buy
das Kaufhaus (es, ⸚er)
  department store
der Knopf (es, ⸚e) button

die Kundin (-, nen) female
  customer
der Laden (s, -) shop
der Ladentisch (es, e) counter
der Mantel (s, ⸚) coat
meistens most of the time
der Modeladen (s, -)
  clothes shop
das Ohr (es, en) ear
das Paar (es, e) pair, pair of
packen, packt to pack
die Rückseite (-, n) back
die Schachtel (-, n) box
die Schublade (-, n) drawer

der Strumpf (es, ⸚e) stocking
die Tasche (-, n) purse, hand-
  bag
teuer expensive
  teurer als more expensive
  than
die Tüte (-, n) paper bag
unfreundlich unfriendly
verkaufen, verkauft to sell
der Verkäufer (s, -) sales assistant
die Verkäuferin (-, nen)
  female sales assistant
wahrscheinlich probably
die Weste (-, n) waistcoat

1 Was kauft man außer Taschen in diesem Laden?

_____

2 Was verkauft die Dame links?

_____

3 Wieviele Knöpfe sind auf der Rückseite des Mantels?

_____

4 Was ist wahrscheinlich in den Schubladen hinter der Verkäuferin?

_____

5 Was trägt die Verkäuferin an den Ohren?

_____

6 Wieviele Verkäuferinnen sind auf dem Bild?

_____

7 Packt der Mann hinten etwas in eine Schachtel oder in eine Tüte?

_____

8 Was verkauft der Mann im schwarzen Anzug?

_____

9 Was hält die blonde Frau in der rechten Hand?

_____

10 Was gibt der Mann der Frau?

_____

11 Was schreibt der Verkäufer auf den Block auf dem Ladentisch?

_____

12 Ist die Tasche teurer oder billiger als ein Paar Strümpfe?

_____

13 Sehen die Leute auf diesem Bild unfreundlich aus?

_____

14 Was tragen die Männer um den Hals?

_____

15 Was tragen die Kundinnen auf dem Kopf?

_____

16 Steht jemand in der Tür?

_____

17 Was sieht man über der Tür?

_____

18 Welche Frau trägt eine Weste?

_____

19 Kann dieses Bild in einem Kaufhaus sein?

_____

20 Kaufst du Kleider meistens in einem Kaufhaus oder in einem Modehaus?

_____

Aufsatz: Ein Besuch im Laden

Das Büro

der Aktenkasten (s, -) filing cabinet
anders different
der Arbeitstag (s, e) work day
der Brief (es, e) letter
die Bücherstütze (-, n) book-end
das Büro (s, s) office
die Firma (-, -men) firm
die Füllfeder (-, n) fountain pen
der Geldschrank (s, e) safe
GmbH limited (abbreviation of Gesellschaft mit beschränkter Haftung)

der Gründer (s, -) founder
jeder everyone
jemand someone
der Kugelschreiber (s, -) ball-point pen
niemand no one
das Papier (s, e) paper
der Papierkorb (s, ⸚e) waste-paper basket
pro per
das Rad (es, ⸚er) wheel
die Rechenmaschine (-, n) adding machine
sehen, sieht to see
    sind zu sehen are to be seen

der Schreibtisch (s, e) desk
die Schreibmaschine (-, n) typewriter
die Schreibunterlage (-, n) blotter, desk pad
die Schublade (-, n) drawer
das Telefon (s, e) telephone
tippen, tippt to type
während (gen.) during
wahrscheinlich probably
werfen, wirft to throw
wichtig important
die Woche (-, n) week
worauf on what

1 Wie heißt diese Firma?

_____

2 Wer ist wahrscheinlich der Gründer dieser Firma?

_____

3 Ist jemand im Büro?

_____

4 Wieviele Schreibtische sind auf dem Bild zu sehen?

_____

5 Wieviele Schubladen hat jeder Schreibtisch?

_____

6 Welcher Schreibtisch hat keine Schreibunterlage?

_____

7 Worauf tippt die Sekretärin die Briefe?

_____

8 Liegt eine Füllfeder oder ein Kugelschreiber neben der Schreibmaschine?

_____

9 Steht die Rechenmaschine auf dem Schreibtisch oder auf dem Tisch mit Rädern?

_____

10 Ist das Telefon auf dem ersten, zweiten oder dritten Schreibtisch?

_____

11 Hat jeder ein Telefon?

_____

12 Wirft man wichtige Papiere in den Papierkorb?

_____

13 Was hängt an der Wand links von der Tür?

_____

14 Wo steht der Aktenkasten?

_____

15 Was ist in dem Geldschrank?

_____

16 Wo sieht man eine Bücherstütze?

_____

17 Wo ist die Uhr? Wie spät ist es?

_____

18 Wieviele Tage pro Woche arbeitet man in diesem Büro?

_____

19 Sieht dieses Büro während des Arbeitstages anders aus?

_____

20 Warum ist niemand im Büro?

_____

Aufsatz: Das Büro meines Vaters (meines Onkels)

Das Theater

Wortschatz
---

auf/führen, führt auf to
  perform
die Aufführung (-, en) per-
  formance
der Balkon (s, e) balcony
die Bühne (-, n) stage
das Drama (s, -men) drama
draußen outside
drinnen inside
echt real, genuine
die Eintrittskarte (-, n) admis-
  sion ticket

der Film (es, e) film
klatschen, klatscht to clap,
  applaud
das Klavier (s, e) piano
am liebsten most dear
  am liebsten haben to like
  most
der Mond (es, e) moon
die Oper (-, n) opera
das Orchester (s, -) orchestra
die Orgel (-, n) organ
die Pause (-, n) interval

das Programm (s, e) program
die Reihe (-, n) row
das Schauspiel (s, e) play
der Schauspieler (s, -) actor
das Stadttheater (s, -) muni-
  cipal theatre
statt/finden, findet statt to
  take place
das Stück (es, e) play
die Szene (-, n) scene
das Theater (s, -) theatre
der Zuschauer (s, -) spectator

1 Was für ein Gebäude ist es?

2 Wieviele Balkone sind auf der linken Seite?

3 Wer sitzt in den Balkonen?

4 Sind die ersten zwei Reihen voll?

5 Sehen die Zuschauer einen Film oder ein Schauspiel?

6 Kann man auch Opern in diesem Theater aufführen?

7 Wieviele Personen stehen auf der Bühne?

8 Spielen die Schauspieler ein deutsches, französisches oder spanisches Stück?

9 Wer spielt Gitarre?

10 Findet die Szene draußen oder drinnen statt?

11 Ist der Mond im Hintergrund echt?

12 Wo sitzt das Orchester?

13 Spielt der Herr auf einem Klavier oder einer Orgel?

14 Was hängt während der Pause vor der Bühne?

15 Was steht in einem Programm?

16 Kauft man eine Eintrittskarte vor oder nach der Aufführung?

17 Wann klatschen die Zuschauer?

18 Zeigt das Bild ein Stadttheater oder eine Schulbühne?

19 Wo sitzst du am liebsten in einem Theater?

20 Was ist der Name eines deutschen Dramas?

Aufsatz: Ein Abend im Theater

Die Ferien

Wortschatz

der Berg (es, e) mountain
bestehen, besteht to consist of
besteigen, besteigt to climb
brauchen, braucht to need
Ferien (pl.) vacation
  in die Ferien gehen to go
  on vacation
flach flat
fliegen, fliegt to fly
der Fuß (es, ⸚e) foot
  zu Fuß on foot
gebirgig mountainous
das Kanu (s, s) canoe
kommend coming
die Landschaft (-, en) land-
  scape

links left
  nach links to the left
die Luft (-, ⸚e) sky, air
machen, macht to do
die Möglichkeit (-, en)
  possibility
der Ozean (s, e) ocean
der Personenwagen (s, -)
  (passenger) car
das Picknick (s, e) picnic
der Rennwagen (s, -) racing
  car
der Schirm (es, e) umbrella
der See (-, n) lake
das Segelboot (s, e) sailboat
segeln, segelt to sail

das Sonnenbaden (s, -) sun
  bathing
solch ein such a
sonst else
der Spaziergang (s, ⸚e) a walk
der Strand (es, e) shore
das Tier (es, e) animal
verbringen, verbringt to spend
der Wald (es, ⸚er) woods,
  forest
werden, wird to become
wird zu turn into
wild wild
zelten, zeltet to camp in a tent
zum Zelten for camping

1 Ist die Landschaft gebirgig oder flach?

_____

2 Sieht man einen See oder einen Ozean auf dem Bild?

_____

3 Ist der Strand gut zum Sonnenbaden?

_____

4 Was für Bäume wachsen hier?

_____

5 Segelt das Segelboot nach links oder nach rechts?

_____

6 Was springt aus dem Wasser?

_____

7 Was machen die Männer im Kanu?

_____

8 Was fliegt außer Vögeln in der Luft?

_____

9 Wer macht einen Spaziergang auf der Straße?

_____

10 Fahren die Leute rechts in einem Personenwagen oder in einem Rennwagen?

_____

11 Wieviele Personen auf dem Bild gehen zu Fuß?

_____

12 Warum braucht man heute keinen Schirm?

_____

13 Kann man hier Berge besteigen?

_____

14 Besteht hier eine Möglichkeit zum Zelten? für ein Picknick?

_____

15 Kann man hier Golf spielen? Tennis? Fußball?

_____

16 Was kann man hier während der Sommerferien sonst noch tun? während der Winterferien?

_____

17 Was für wilde Tiere findet man in solch einem Wald?

_____

18 Wann wird das Wasser zu Eis?

_____

19 In welcher Jahreszeit gehen viele Schüler in die Ferien?

_____

20 Wo verbringst du die kommenden Sommerferien?

_____

Aufsatz: Meine Sommerferien

Der Bauernhof

Wortschatz

der Bauernhof (s, ⁼e) farm
die Erde (-, n) earth
die Feder (-, n) feather
das Feld (es, er) field
das Fell (es, e) skin with hair, hide
das Fleisch (es,) meat
fressen, frißt to eat (referring to animals)
der Fuchs (es, ⁼e) fox
das Futter (s, -) animal feed, fodder
gackern, gackert to cackle
gemacht made

das Getreide(s, -) grain
grunzen, grunzt to grunt
das Haustier (s, e) domestic animal, pet
die Haut (-, ⁼e) skin (with little hair)
das Horn (es, ⁼er) horn
der Huf (es, e) hoof
das Huhn (es, ⁼er) hen
das Hühnerhaus (es, ⁼er) chicken house
das Kalb (es, ⁼er) calf
leben, lebt to live
der Mais (es, e) corn

der Mist (es, e) dung, manure
muhen, muht to moo
der Pelz (es, e) fur, pelt
das Pferd (es, e) horse
der Ringelschwanz (es, ⁼e) curly tail
die Scheune (-, n) barn
das Schwein (es, e) pig
trennen, trennt to separate
wiehern, wiehert to neigh
woraus out of what
zahm tame
der Zaun (es, ⁼e) fence

1 Sind die Tiere auf dem Bauernhof wild oder zahm?

_____

2 Was trennt das Pferd von dem Schwein?

_____

3 Wie geht das Huhn?

_____

4 Was legt das Huhn?

_____

5 Wer ist die Mutter des Kalbes?

_____

6 Was trinkt das Kalb?

_____

7 Welches Tier hat einen Ringelschwanz?

_____

8 Welches Tier hat Federn?

_____

9 Welche Tiere haben Hufe?

_____

10 Welches Haustier hat Hörner?

_____

11 Welche Tiere auf dem Bild fressen gern Mais und Getreide?

_____

12 Welches Tier frißt der Fuchs am liebsten?

_____

13 Wer gibt den Tieren Futter und arbeitet auf den Feldern?

_____

14 Ist der Mist der Tiere gut oder schlecht für die Erde?

_____

15 Wer grunzt? gackert? wiehert? muht?

_____

16 Hat das Pferd eine Haut, ein Fell oder einen Pelz?

_____

17 Woraus ist der Zaun gemacht?

_____

18 Was ist zwischen der Scheune und dem Hühnerhaus?

_____

19 Wo leben die Vögel?

_____

20 Ißt du gerne das Fleisch vom Huhn? vom Pferd?

_____

Aufsatz: Ein Besuch auf dem Bauernhof

Der Bahnhof

Wortschatz

der Anzug (s, ⸚e) suit
der Bahnhof (s, ⸚e) railway station
der Bahnsteig (s, e) railway platform
die Bank (-, ⸚e) bench, seat
bei sich haben to have with one
die Fahrkarte (-, n) ticket
der Fahrplan (s, ⸚e) train time-table
der Fotoapparat (s, e) camera
gebeugten bowed, bent over
das Gleis (es, e) track, rails
der Koffer (s, -) suitcase

der Reisende (n, n) traveler
der Schaffner (s, -) conductor
der Schalter (s, -) ticket window
der Schaukasten (s, -) display case
der Stock (es, ⸚e) walking stick, cane
der Tourist (en, en) tourist
der Verkäufer (s, -) salesman
vorne in the front
warten, wartet to wait
warten auf to wait for
die Zeitung (-, en) newspaper
der Zug (es, ⸚e) train

1   Wo warten die meisten Reisenden auf den Zug?

_____

2   Wieviele Personen sitzen auf Bänken?

_____

3   Hat jeder einen Koffer bei sich?

_____

4   Was machen die zwei Damen vorne?

_____

5   Was liest der Herr im schwarzen Anzug?

_____

6   Was tut der Herr mit dem gebeugten Kopf?

_____

7   Was hat der Mann in der Mitte auf der ersten Bank bei sich?

_____

8   Auf welcher Bank ist ein Baby?

_____

9   Sieht man einen Touristen mit einem Fotoapparat?

_____

10 Wer steht am Schalter?

_____

11 Kauft man am Schalter Zeitungen oder Fahrkarten?

_____

12 Tragen alle Männer hier einen Hut?

_____

13 Was verkauft der Mann hinter dem Schaukasten?

_____

14 Welche Männer tragen eine Brille?

_____

15 Wo ist der Fahrplan?

_____

16 Wo ist der Mann mit dem Stock?

_____

17 Was fährt auf Gleisen?

_____

18 Ist der Bahnsteig innerhalb oder außerhalb des Gebäudes?

_____

19 Wieviele Züge warten an dem Bahnsteig?

_____

20 Gibt man dem Verkäufer oder dem Schaffner die Fahrkarte?

_____

Aufsatz: Ein Besuch auf dem Bahnhof

Der Hafen

Wortschatz

der Anker (s, -) anchor
die Anlegestelle (-, n) landing place, dock
der Arbeiter (s, -) worker
befördern, befördert to convey, transport
betreten, betritt to enter
die Fahne (-, n) flag
das Faß (es, ¨er) barrel, drum, keg
das Funkmeßgerät (s, e) radar
die Handkarre (-, n) hand cart

der Hafen (s, ¨) harbour, port
die Kiste (-, n) box, case
der Koffer (s, -) suitcase
die Maschine (-, en) machine
der Mast (es, en) mast
die Möwe (-, n) seagull
das Objekt (s, e) object
die Rampe (-, n) ramp
der Reisekoffer (s, -) trunk
der Reisende (n, n) traveler
rollen, rollt to roll
das Schiff (es, e) ship, vessel
der Schlepper (s, -) tug boat

der Schornstein (s, e) chimney
das Segelboot (s, e) yacht
seicht shallow
das Seil (es, e) rope
der Sperling (s, e) sparrow
die Szene (-, n) scene
tief deep
vielleicht probably
zeigen auf, zeigt auf (acc.) to point at
ziehen, zieht to pull

1 Wo ist die Szene?

_____

2 Was ist das größte Objekt auf dem Bild?

_____

3 Welche Nummer hat diese Anlegestelle?

_____

4 Wieviele Schiffe sind auf dem Bild?

_____

5 Zieht der Schlepper oder das Segelboot das große Schiff?

_____

6 Was ist auf dem Mast jedes Segelbootes?

_____

7 Ist ein Funkmeßgerät oder eine Fahne auf dem Mast des großen Schiffes?

_____

8 Sieht man die Anker hinten oder vorn an dem Schiff?

_____

9 Betreten die Reisenden das Schiff mit einer Rampe oder eines Seiles?

_____

10 Zeigt der Herr in der linken Ecke unten auf das Schiff oder auf die Kisten?

_____

11 Befördern Maschinen oder Handkarren die großen Kisten?

_____

12 Wie befördert man einen großen Reisekoffer auf dem Bild?

_____

13 Was steht vielleicht auf den Kisten?

_____

14 Was trägt der Mann in der rechten Ecke unten?

_____

15 Rollen die Arbeiter Fässer nach links oder nach rechts?

_____

16 Was sieht man auf dem Land im Hintergrund?

_____

17 Was kommt aus den Schornsteinen?

_____

18 Ist das Wasser im Hafen tief oder seicht?

_____

19 Sind die Vögel Möwen oder Sperlinge?

_____

20 Wie heißt eine deutsche Hafenstadt?

_____

Aufsatz: Eine Reise mit dem Schiff

Der Strand

Wortschatz

---

der Badeanzug (s, ⁼e) bathing costume

das Badetuch (s, ⁼er) bath towel

blond blonde

das Boot (es, e) boat

die Brille (-, n) glasses
  eine Brille a pair of glasses

der Eimer (s, -) bucket

die Figur (-, en) figure, shape

füllen, füllt to fill

die Mitte (-, n) middle

ruhig quiet, calm

schauen auf, schaut auf (acc.) to look at

das Schwimmbad (s, ⁼er) swimming pool

schwimmen, schwimmt to swim

die See (-, n) sea, ocean

der Seestern (s, e) starfish

segeln, segelt to sail

sitzend sitting

der Sonnenschirm (s, e) sunshade

stehend standing

der Strand (es, e) seashore, beach
  am Strand on the beach

stürmisch rough

die Welle (-, n) wave

womit with what

worauf on what, at what (with **schauen**)

1 Womit spielt das Mädchen im schwarzen Badeanzug?

_____

2 Mit wem spielt es?

_____

3 Wieviele Liegestühle sieht man am Strand?

_____

4 Was trinkt das Mädchen?

_____

5 Was für eine Brille trägt das sitzende Mädchen?

_____

6 Hat das stehende Mädchen eine schöne Figur?

_____

7 Worauf schaut der Junge im Vordergrund?

_____

8 Worauf liegt der Junge?

_____

9 Nimmt man gewöhnlich ein Badetuch zum Strand mit?

_____

10 Wo ist der Seestern auf dem Bild?

_____

11 Wer sitzt unter dem Sonnenschirm?

_____

12 Womit füllt das Kind den Eimer?

_____

13 Gibt es mehr Jungen oder Mädchen auf dem Bild?

_____

14 Was für Bäume stehen rechts?

_____

15 Was für ein Boot segelt auf der See?

_____

16 Ist die See stürmisch oder ruhig?

_____

17 Kann man auf den hohen Wellen reiten?

_____

18 Wo sieht man Eis auf dem Bild?

_____

19 Warum ist dieses Bild wahrscheinlich nicht in Deutschland?

_____

20 Schwimmst du lieber in der See oder in einem Schwimmbad?

_____

Aufsatz: Ein Tag am Strand